Je ne gaspille pas l'eau

Texte
Denise NEVEU

Illustrations
Larissa MAYOROVA

GAMMA jeunesse ÉCOLE Active

SOMMAIRE

Je ne gaspille pas l'eau

Cette souris trouve toujours des prétextes pour gaspiller l'eau!

Avant...

Avant, on trouvait de l'eau propre partout : dans les rivières et les lacs.

Les hommes recueillaient l'eau qui jaillissait des sources, ils creusaient des puits dans les villages et les jardins.

Nos ancêtres, comme les Romains et les Aztèques, construisaient des canalisations, des aqueducs pour amener l'eau jusque dans les grandes villes.

On ne peut pas vivre sans eau. Les plantes et les animaux non plus !

L'eau douce vient des glaciers de nos montagnes, des rivières et des fleuves.

L'eau sur la terre,
sous la chaleur du soleil,
s'évapore.
Elle est transportée par
les nuages et retombe
sur la terre, en pluie ou en neige.

C'est cette eau que l'on collecte
pour notre consommation.

Oui, mais
comment?

Peut-on boire l'eau du robinet?

Bien sûr, que l'on peut boire l'eau du robinet. Ici, l'eau est pompée dans un fleuve.

On peut aussi aller la chercher dans des nappes souterraines.

Cette eau est propre,
mais pour qu'elle devienne potable,
il faut la filtrer et
la désinfecter.

Ensuite, elle est transportée
par de grosses canalisations
jusqu'au château d'eau,
que vous voyez là-bas.

Enfin, elle arrive à la maison
par d'autres tuyaux.

À la station d'épuration

Monsieur Gaston,
Est-ce que l'on peut nettoyer
de l'eau sale ?

On la traite.
Les eaux usées
qui passent par
les égouts arrivent ici,
elles sont décantées,
filtrées, dégraissées
et aérées pour
les rendre propres.

Et après elles sont rejetées dans la rivière!

Quelle odeur, ça me donne mal au cœur!

Tu vois pour économiser l'eau,
il ne faut surtout pas
la laisser couler
pendant que tu laves
les casseroles.

Oui, alors je remplis
les deux bacs,
un pour laver,
un pour rincer.

Et moi, je peux mettre le
lave-vaisselle en marche parce
qu'il est bien plein!

Papa a réparé le robinet qui fuyait depuis trois jours.

Mais heureusement, j'avais mis une carafe pour recueillir l'eau perdue qui coulait du robinet !

Et j'ai arrosé ma plante avec. Maintenant, je vais donner à boire au chat qui tire la langue depuis une heure !

Tu as vu mon nouveau gobelet?
Ah oui, c'est quoi ce dessin?
C'est un bateau de pêche.

Mais, fais attention! Ne laisse pas couler l'eau pendant que tu te laves les dents! Et remplis ton gobelet pour te rincer la bouche.

Oui mais, je veux un autre gobelet, le mien, il est trop moche!

Douche ou bain?

Tu crois qu'on dépense moins d'eau quand on prend une douche plutôt qu'un bain?

C'est sûr, regarde notre baignoire comme elle est grande, elle contient au moins 200 litres!

Cela fait beaucoup d'eau quand elle est pleine. Papa dit qu'avec l'eau d'un bain, on peut prendre cinq douches !

Bien les enfants,
il vaut mieux utiliser
un arrosoir pour votre
parterre de fleurs
que le tuyau
d'arrosage.

Avez-vous pensé
à gratter le sol
autour de
vos plantes ?

Oui, parce que l'eau
rentre mieux
dans la terre meuble.

Maman arrose le potager
quand il fait presque noir!

Elle a raison,
il vaut mieux arroser à
la tombée de la nuit,
car il y a moins d'évaporation.

Dans le parc municipal

Regardez les enfants,
ces petits tuyaux laissent l'eau
couler goutte à goutte.

C'est l'arrosage basse pression.
Il donne de l'eau juste
à la racine des plantes.

On voit que le sol
est encore mouillé.
Et cela fonctionne quand?

Le système se met en marche en
deuxième partie
de nuit, au moment
où il fait
le plus frais.

Comme ça, on économise beaucoup
d'eau!

J'irais bien
me baigner,
il n'y a personne
dans la piscine.

Mais nous n'avons pas le droit,
ce n'est pas chez nous.
D'ailleurs, Maman
nous emmène à
la piscine municipale
cet après-midi.

Celle-ci n'est pas recouverte d'une bâche.

Vous voyez les enfants, les piscines privées consomment beaucoup d'eau.

Et l'eau s'évapore très vite !

Lorsqu'il fait trop sec,
le maire d'une ville peut décider d'interdire
le lavage des voitures.

Mais quand il pleut très fort,
c'est pratique de laisser la voiture
dehors pour en ôter la poussière.

Pourquoi papa dit qu'il vaut mieux aller dans une station, plutôt que de le faire tout seul Monsieur Gaston ?

Parce que l'eau de lavage est polluée par les hydrocarbures et que dans les stations de lavage, on la traite avant de la rejeter dans les égouts.

Même ici
où il pleut assez
souvent,
l'eau douce est
un bien rare et coûteux, que nous
devons protéger et partager.

C'est l'affaire de tout le monde,
vous, les enfants, vos parents,
les agriculteurs, les industriels,
le gouvernement.
Vous voyez cette porcherie?

Oui, et il y a quelque chose de pas bien propre qui coule là, sur le sol !

Mais le propriétaire a décidé de faire des travaux pour épurer les effluents du lisier et pour ne plus souiller l'eau de la rivière.

Regardez comme
la terre est sèche et toute craquelée.

Dans beaucoup de pays pauvres il
n'y a même plus assez d'eau
pour que les enfants
puissent boire.

Maman dit qu'ils risquent de mourir si tout le monde ne fait pas des efforts pour économiser l'eau.

Tu vois sur la carte du monde, il y a beaucoup de déserts. Ils grandissent à cause de la déforestation et du réchauffement climatique.

Informations aux parents

L'enfant, même très jeune peut comprendre que l'eau est un bien précieux qu'on ne doit pas gaspiller. La meilleure pédagogie sera l'exemple des parents et des proches.
Dans la cuisine, dans la salle de bain ou le jardin, on peut très vite acquérir d'autres habitudes, sans alourdir les tâches quotidiennes.

Ne jamais laisser couler l'eau du robinet, installer des réducteurs de débit, utiliser les eaux grises (peu souillées) pour la chasse d'eau, préférez la douche au bain, récupérer les eaux de pluie. Toutes ces actions faciles à mettre en œuvre vous feront réaliser de sérieuses économies.

Plus tard, l'enfant apprendra que l'eau qu'il utilise doit être traitée avant de retourner dans la nature. Vous pouvez participer à des visites de stations d'épuration. De même, il pourra suivre le cheminement de l'eau potable, depuis le lieu de captage, jusqu'au château d'eau en passant par les usines de traitement.

Sensibilisez les plus grands au coût de l'eau potable en leur faisant faire des calculs de consommation.
Enfin, discutez avec eux et encouragez-les à s'informer sur les enjeux de l'eau potable au niveau mondial, aux conflits d'intérêt que cet élément indispensable à la vie peuvent susciter.

Glossaire

Aqueduc : canal pour acheminer l'eau, soit aérien (sur des ponts) soit sous la terre.
Décanter : enlever les saletés de l'eau en les laissant se déposer au fond d'un bassin.
Dégraisser : enlever la graisse (végétale, animale, minérale) par filtrage, ou par des moyens chimiques.
Désert : région très sèche ou il pleut très peu, marquée par l'absence ou la pauvreté de la végétation.
Égout : conduite (tuyau) par laquelle s'écoulent les eaux usées dans les villes et les villages, jusqu'à la station d'épuration
Épuration : action de purifier, de débarrasser l'eau des saletés qu'elle contient.
Évaporation : transformation de l'eau en fines gouttelettes qui disparaissent dans l'air.
Filtrer : faire passer l'eau à travers un filtre (métal, papier, plastique, porcelaine) qui est percé de petits trous pour retenir les impuretés.
Geyser : source d'eau chaude ou de vapeur qui sort de la terre de temps en temps.
Hydrocarbure : produit utilisé comme combustible (qui brûle) comme l'essence, le gaz...
Nappe souterraine : grande étendue d'eau qui reste sous la terre (on dit aussi nappe phréatique).
Potable : eau qui est assez pure pour être bue sans danger. Pour rendre l'eau potable, on la débarrasse des saletés et des germes qui la polluent.
Terre meuble : terre molle, aérée, fraîchement binée ou retournée.

Index des mots importants

Denise Neveu

"Je pense, qu'en apprenant de façon ludique des choses sérieuses aux enfants, ils en garderont toute leur vie des automatismes et un plaisir de vivre.
Mais cela n'exclut pas les parents de montrer l'exemple"
Elle est mère de deux filles. La première travaille dans l'édition jeunesse, la seconde est ingénieur en gestion de l'environnement.
Elle est passionnée par la protection de la nature, des oiseaux, elle aime la montagne qu'elle a pratiquée en tant qu'alpiniste.
Elle est l'auteur de nombreux articles pour des magazines culturels, de plusieurs livres documentaires pour les adultes et pour les enfants: "Un jour dans ma vallée" et "Un jour avec mes labradors", "Les huîtres" et le "Léman" aux éditions Néva et de quatre titres pour la jeunesse aux éditions Gamma Jeunesse.

Larissa Mayorova

"Si nous aimons nos enfants, nous avons le devoir de leur laisser une terre propre et saine, afin qu'ils puissent y vivre bien."
Elle est maman d'un garçon et d'une petite fille qui inspirent ses illustrations.
Elle aime la nature et les paysages que l'on retrouve dans sa peinture. Elle est peintre professionnel, a réalisé plusieurs expositions en France et en Russie.
Elle est professeur d'art plastique et a travaillé pour des revues de jeunesse en Russie. Elle a illustré plusieurs ouvrages pour les enfants.

Hé !
Allez vite lire
les trois autres
livres

Pour bien vivre sur terre